Nikola Kucharska

WAS FÜR UNFASSBARE SACHEN ECHTE DRACHEN GERNE MACHEN

Thienemann

ANATOMIE DES

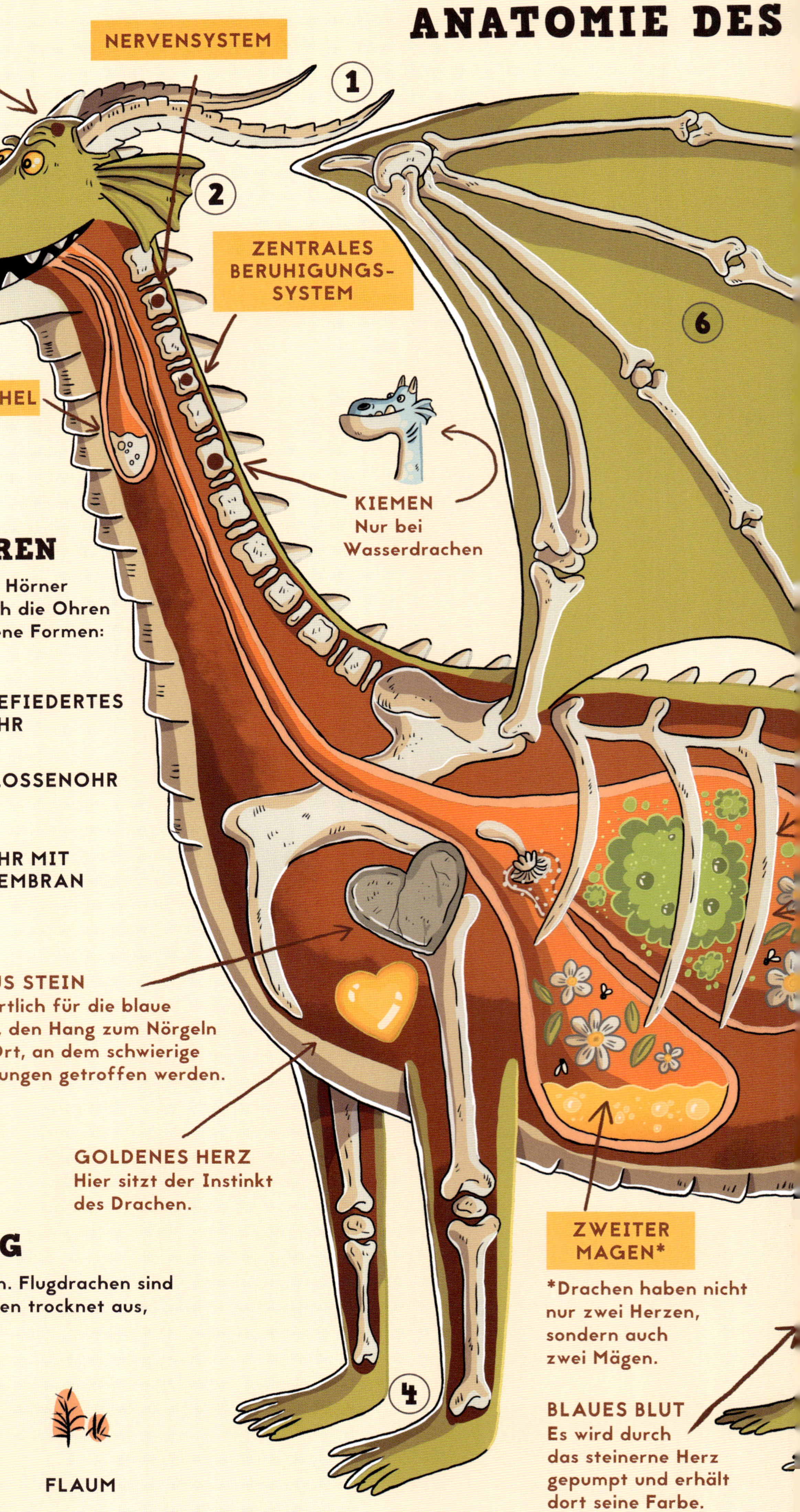

1 HÖRNER

Die Hörner von Drachen können ganz unterschiedlich aussehen:

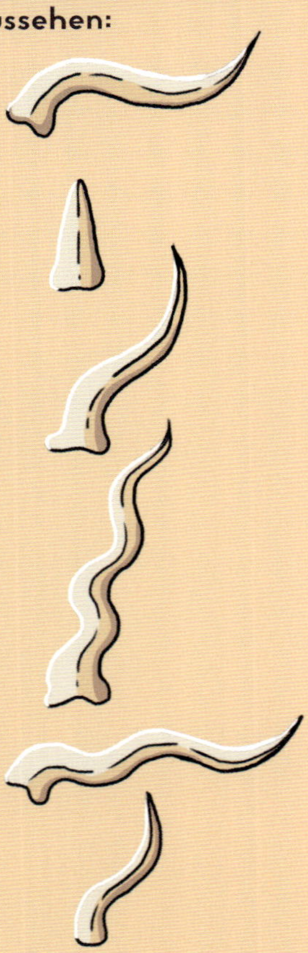

2 OHREN

So wie die Hörner haben auch die Ohren verschiedene Formen:

3 KÖRPERBEDECKUNG

Die meisten Drachen haben Schuppen. Flugdrachen sind gefiedert. Die Haut von Wasserdrachen trocknet aus, wenn sie zu lange an Land sind.

URDRACHEN

(unter Berücksichtigung der unterschiedlichen Drachenarten)

6 FLÜGEL

Wie die Flügel eines Drachen aussehen, hängt davon ab, wo er lebt. Wasserdrachen haben beispielsweise überhaupt keine Flügel. Die Flügel eines Flugdrachen sind groß und gefiedert.

GEFIEDERTER FLÜGEL — ZWERG-FLÜGEL — INSEKTEN-FLÜGEL — EISFLÜGEL

5 SCHWANZSPITZE

Höhlendrachen haben eine hakenförmige Schwanzspitze, mit der sie sich an den Höhlenwänden festhalten. Minidrachen haben einen Stachel, und Flugdrachen besitzen Schwanzfedern, mit denen sie im Flug blitzschnell die Richtung wechseln können.

UNTERSCHIEDLICHE SCHWANZSPITZEN:

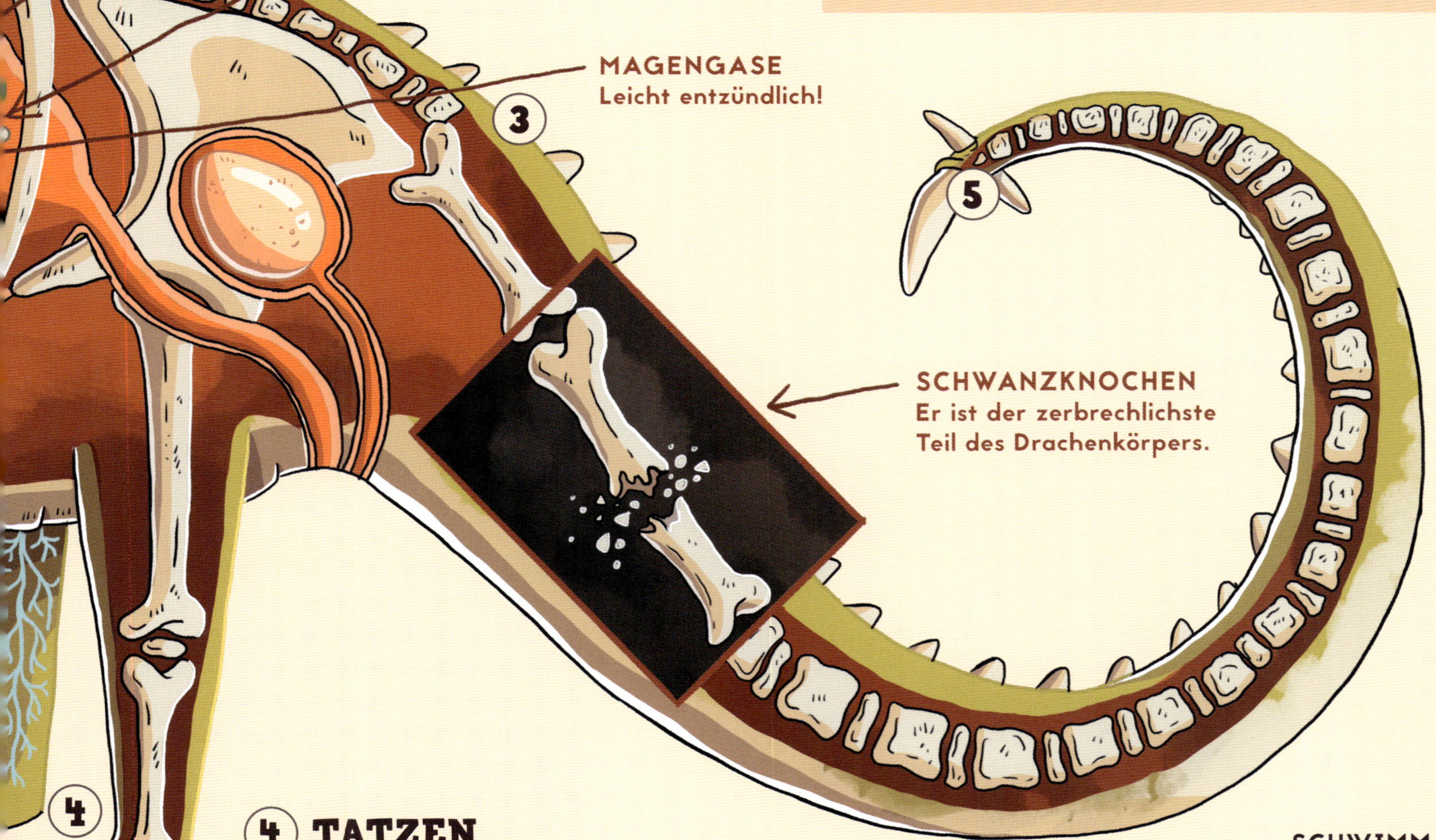

4 TATZEN

Drachen, die zu Fuß unterwegs sind, haben größere Tatzen als Flugdrachen.

TATZE EINES LANDDRACHEN

SCHWIMMFUSS EINES WASSERDRACHEN

DIE GESCHICHTE DER FREUNDSCHAFT ZWISCHEN DRACHEN UND MENSCHEN

Vor langer Zeit bauten die Menschen ihre Burgen über den Höhlen der Drachen. So konnten die Königinnen und Könige jederzeit zu ihnen kommen, um sich Rat zu holen oder um Hilfe zu bitten. Menschen und Drachen wuchsen miteinander auf, verbrachten jede freie Minute zusammen und halfen sich gegenseitig.

HAUPTGRÜNDE, WARUM DIE FREUNDSCHAFT ZERBRACH

RAFFGIERIGE RITTER STAHLEN DEN DRACHENSCHATZ.

DIESES SEHR UNVORTEILHAFTE PORTRÄT DER GROZILLA VON POMPONIA KLAVIZIUS

STRITTIGER AUSGANG EINER SCHACHPARTIE

DRACHENSCHLUCKAUF – DIE GROSSE EPIDEMIE

DIE VERBOGENE KRONE VON KÖNIG KARL

In alten Zeiten war das Drachentaxi ein beliebtes Fortbewegungsmittel.

ZAHLREICHE BESCHWERDEN WEGEN UNFREUNDLICHER BEHANDLUNG DER DRACHEN, DIE ALS DRACHENTAXI ARBEITETEN.

DIE TRENNUNG VON DRACHEN UND MENSCHEN

Die Menschen hatten die Drachen beklaut und unverschämte Gerüchte über sie verbreitet. Als schließlich auch noch die letzte Drachenwaschanlage geschlossen wurde, waren die Drachen so beleidigt, dass sie sich an die entlegensten Winkel der Welt zurückzogen.

IN DIE LUFT

INS WELTALL

UNTER DIE ERDE

INS DICKICHT

IN DIE WÜSTE

INS EWIGE EIS

WELTRAUMDRACHEN

Einige Drachen zogen an einen Ort, an dem es hundertprozentig keine Menschen gab: Ins Weltall. Dort fanden sie den perfekten Planeten.
Die Grundstückspreise auf Schnalzler sind aufgrund der hohen Nachfrage inzwischen gigantisch hoch.

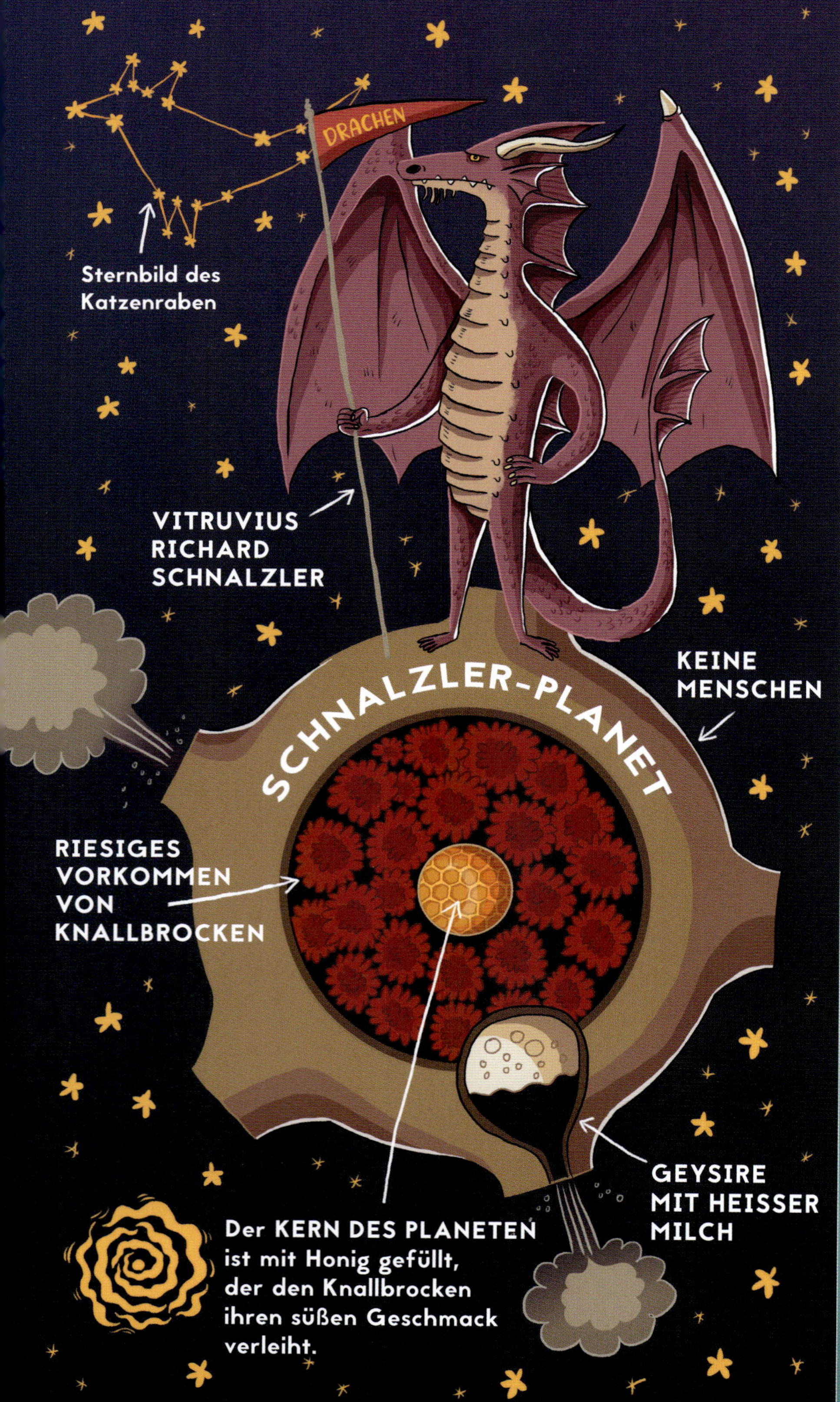

Auf dem Schnalzler-Planeten leben Geschöpfe, die an Gummibärchen erinnern. Sie sind freundlich und fressen selbst keine Knallbrocken. Das macht sie zu idealen Nachbarn für die Drachen.

UNSICHTBARE DRACHEN

Angeblich gibt es sie, obwohl sie seit Tausenden Jahren nicht einmal mehr von anderen Drachen gesehen wurden. Während des BFDM* bildeten sie eine dauerhafte Unsichtbarkeit aus, die sie vor den Rittern schützte.

*BFDM – Bruch der Freundschaft zwischen Drachen und Menschen

WASSERDRACHEN

Auf der Suche nach Ruhe und Frieden siedelten einige Drachen ins Wasser um.

WÜSTENDRACHEN

Sie sind bekannt für ihre schlechte Laune, den Hang zum Nörgeln und die schwierigen Rätsel, die sie zufällig vorbeikommenden Reisenden stellen. Werden diese Rätsel nicht gelöst, sind die Drachen so sauer, dass sie kein Wort mehr mit einem sprechen.

DIE GEFÜRCHTETE KATZEN-RABEN-DRACHEN-BANDE

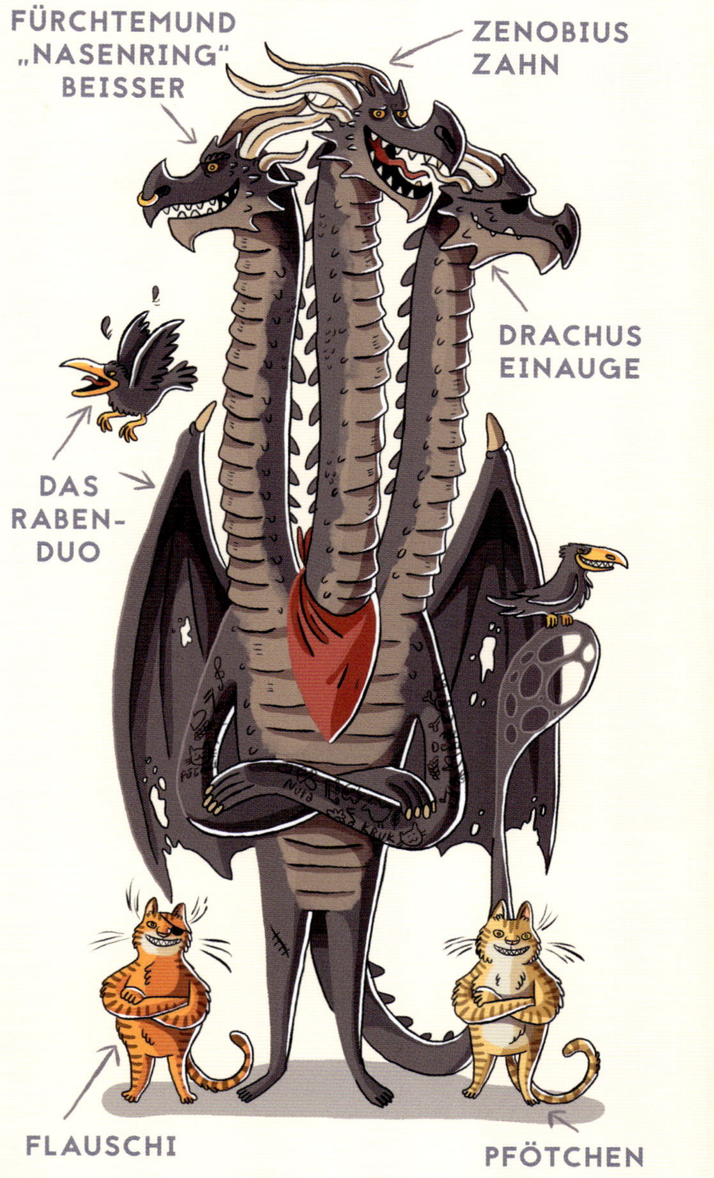

WALDDRACHEN

Sie werden schnell wütend, lieben es, andere zu ärgern und unterhalten Freundschaften mit Hexen und Zauberern. Sie mögen Katzen und Raben und schließen sich mit ihnen ab und an sogar zu Banden zusammen. Walddrachen ernähren sich von Musik und fressen am liebsten schöne Lieder.

EISDRACHEN

Sie sind sanft, freundlich und hilfsbereit. Meistens sind sie mit Fressen beschäftigt, weil sie für das Leben im Eis viel Fett benötigen. Wenn sich ein Reisender verirrt, helfen sie ihm, den Weg zu einer Siedlung zu finden.

MINIDRACHEN

Nur wenige Menschen wissen, dass es sie überhaupt gibt, dabei sind sie fast überall. Sie sind so winzig, dass sie oft für Insekten gehalten werden. Minidrachen sind sehr quirlig, neugierig und schelmisch. Sie spielen gerne Streiche.

EIN RITTER WIRD GEÄRGERT
Sie nisten in hohlen Bäumen.
HE!
Sie fressen den Nektar aus den Blüten und ärgern damit die Bienen.
HE!
Edelsteine werden gegen Marienkäfer oder Zuckerwürfel ausgetauscht.
SCHMATZ
Der gehört uns!
STICKEREIEN WERDEN DURCHLÖCHERT
MINIDRACHEN BEIM ZUCKERDIEBSTAHL
SCHUHE WERDEN VERSTECKT
Die Spezialität der Minidrachen ist es, die Dekrete des Königs zu beklecksen.

HÖHLENDRACHEN

Sie sind freundlich, höflich und ein bisschen altklug. Da sie schlecht sehen, tragen viele von ihnen eine Brille. Sie leben vom Knallbrocken-Abbau. Ihre Höhlen sind regelrechte Labyrinthe. Außerdem leiden sie überdurchschnittlich oft an der Schlafkrankheit.

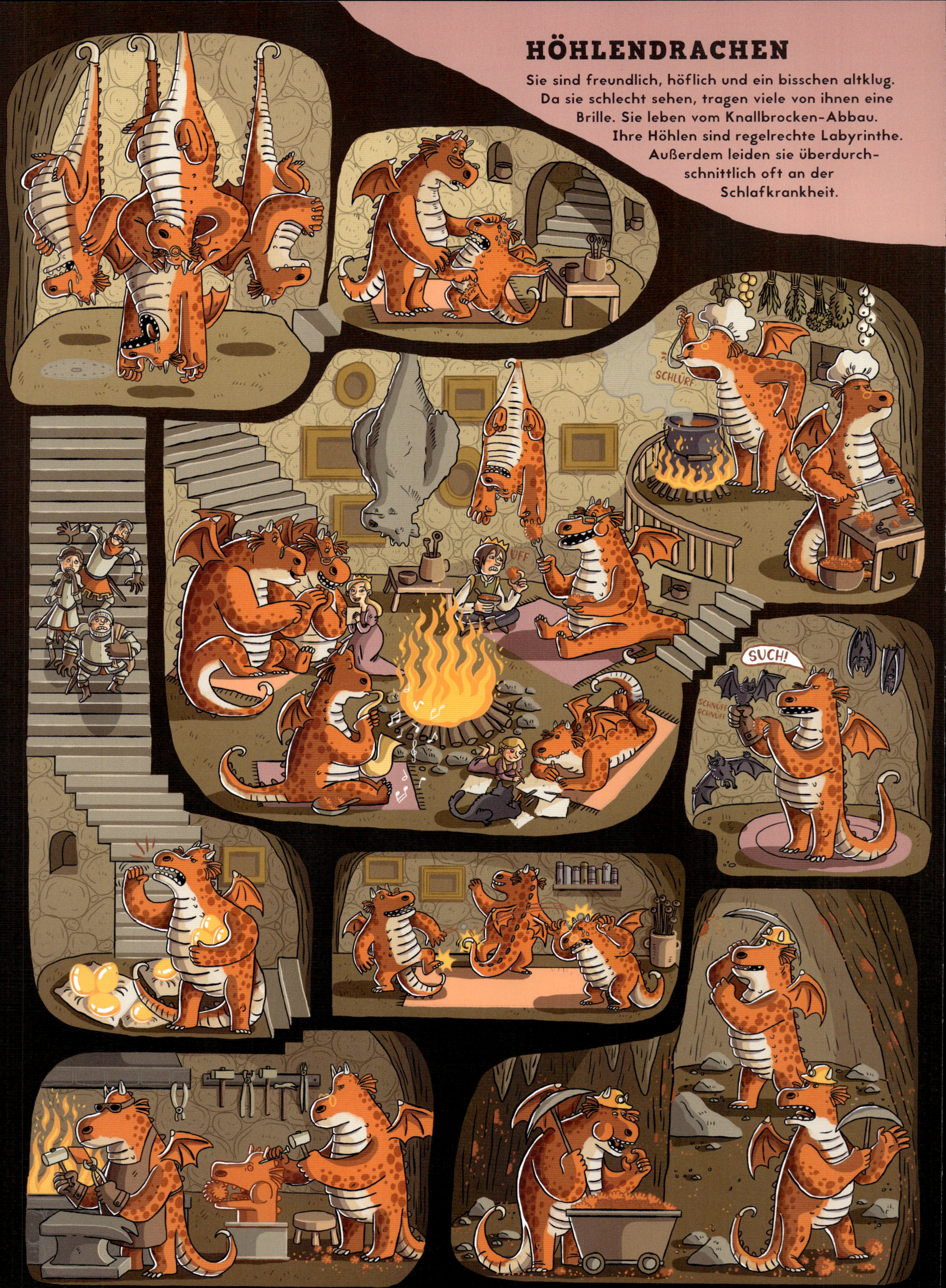

FLUGDRACHEN

Sie leben über den Wolken, sind überaus freiheitsliebend und immer auf der Suche nach einem Abenteuer. Deshalb bleiben sie nie länger als ein paar Tage an einem Ort. Sie sind ständig in Bewegung und zappeln sogar im Schlaf noch herum.

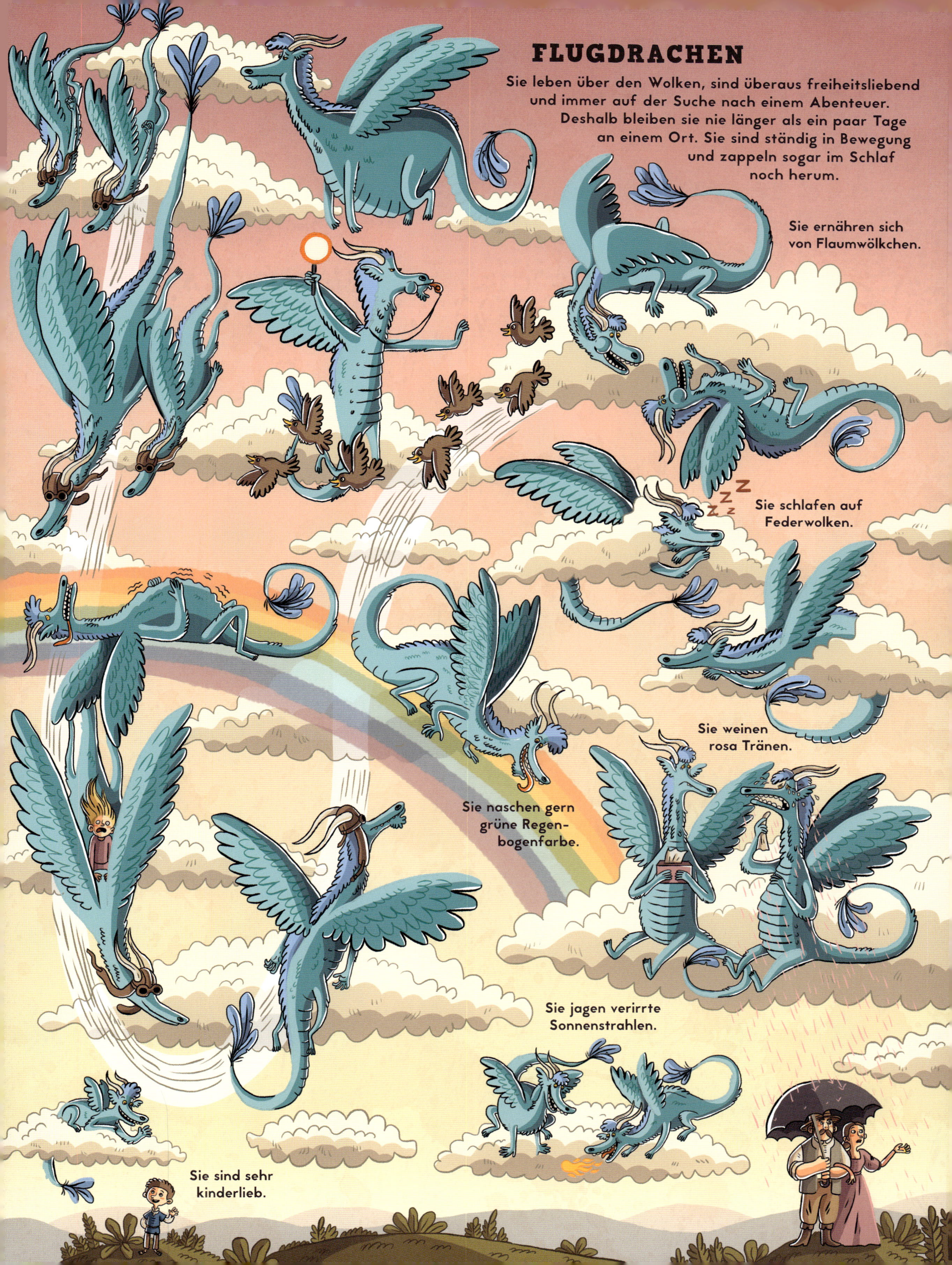

Sie ernähren sich von Flaumwölkchen.

Sie schlafen auf Federwolken.

Sie weinen rosa Tränen.

Sie naschen gern grüne Regenbogenfarbe.

Sie jagen verirrte Sonnenstrahlen.

Sie sind sehr kinderlieb.

VULKANDRACHEN

Sie haben sich am Mittelpunkt der Erde niedergelassen. Vulkandrachen sind sehr schwerfällig. Sie sprechen und bewegen sich langsamer als das faulste Faultier und sie ernähren sich ausschließlich von Knallbrocken.

WIE VULKANSAUSBRÜCHE WIRKLICH ENSTEHEN

Ein Vulkanausbruch ist nichts anderes als der Schluckauf eines Vulkandrachen.

Hat der Drache zu viele Knallbrocken gefressen, sammeln sich in seinem Magen leicht entzündliche Gase.

Die Wärme, die im Erdinnern herrscht, erhitzt den Drachen – und natürlich auch die Gase in seinem Bauch.

Das Gas fängt an zu brennen, der Drache bekommt Schluckauf, und aus dem nächstgelegenen Vulkan schießt Lava.

DIE WAHRHEIT ÜBER ERDBEBEN

DER ERDKERN ...
... ist in Wirklichkeit ein Vulkandrachen-Ei. Er verändert sich alle 1000 Jahre, wenn ein neuer Drache schlüpft. Niemand weiß, was vor dem ersten Ei war.

Vulkandrachen sind überdurchschnittlich groß. Das hat mit dem Überfluss an Knallbrocken zu tun.

GROSSE EIER, KLEINE EIER

MINIDRACHEN-EIER

Minidrachen-Eier sind bei Hexen als Zutat für Zaubertränke sehr gefragt. Zum Glück sehen sie Hühnereiern zum Verwechseln ähnlich. Deshalb verstecken Minidrachen sie oft in einem Hühnerstall.

Weil die kleinen Drachen erst nach einem Jahr schlüpfen, haben sie viel Zeit. Zum Beispiel zum Lesen.

EISDRACHEN-EIER

Die Schale dieser Eier ist glatt wie ein Spiegel. Schaut jemand das Ei an, bleibt sein Spiegelbild so lange im Ei gefangen, bis der Drache schlüpft.

HÖHLENDRACHEN-EIER

Berührt man das Ei eines Höhlendrachen, verwandelt man sich augenblicklich in eine goldene Statue. Nur Hexen können dies rückgängig machen.

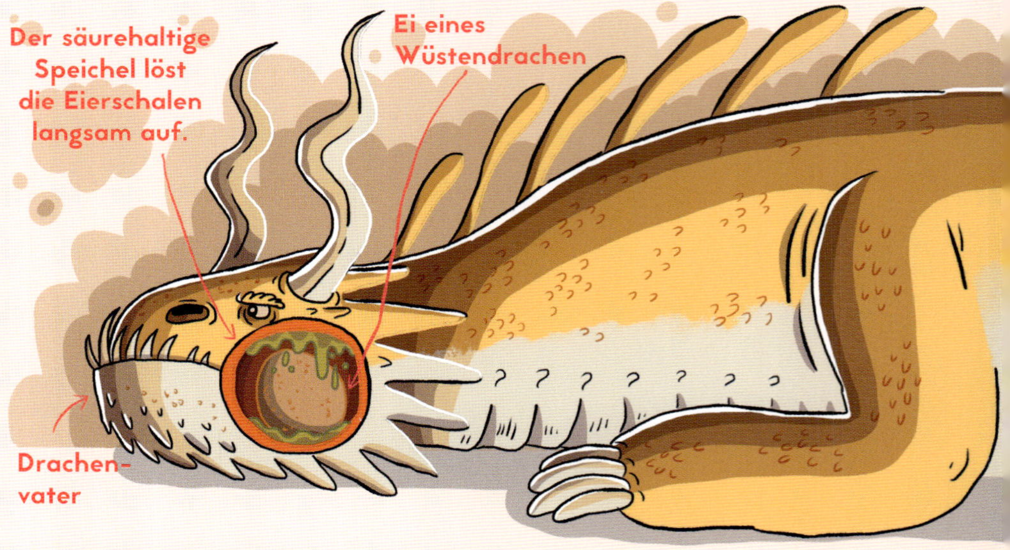

WÜSTENDRACHEN-EIER

Der Drachenvater bewahrt die Eier in seinen Backentaschen auf, bis die Jungen schlüpfen. Das dauert ungefähr drei Monate.

DIE EIER DER URDRACHEN

Die Urdrachen legten etwa 100 Eier auf einmal. Eine kaum zu beherrschende Menge.

VULKANDRACHEN-EI

Das Vulkandrachen-Ei ist besser bekannt als „Erdkern". Schlüpft ein Vulkandrache, gibt es eine riesige Explosion.

WELTRAUM-DRACHEN-EIER

Sie haben Schuppen und ledrige Flügel. Nachts fliegen sie herum, tagsüber schlafen sie.

FLUGDRACHEN-EIER

Sie erinnern an Seifenblasen, daher ist es gar nicht einfach, sie auszubrüten.

WASSERDRACHEN-EIER

Sie können ihre Farbe und ihre Oberflächenstruktur verändern. So sind sie bestens getarnt und vor Feinden geschützt.

WALDDRACHEN-EIER

Wer ein solches Ei auch nur anblickt, hat es sofort lieb und will es mit seinem Leben beschützen.

KINDHEIT UND JUGEND

BIS 1 JAHR: IM EI
Der Drache wartet auf den Schlupf.

1-56 JAHRE: SÄUGLINGSALTER
Der Drache nimmt nur flüssige Nahrung zu sich.

57-100 JAHRE: KLEINKINDALTER
Der kleine Drache lernt von seinen Eltern, was einen Drachen ausmacht.

101-328 JAHRE: SCHULKIND
Der Drache besucht die Drachenschule.

329 JAHRE:
Der Drache ist volljährig.

FESTE UND FEIERN ZUR GEBURT

Die Geburt eines jungen Drachen ist eine gute Gelegenheit für ein rauschendes Fest. Jede Drachenart feiert die Geburt eines Babydrachen ein wenig anders.

Walddrachen verlassen ihre Eier, nachdem sie sie gelegt haben.

Höhlendrachen setzen dem jungen Drachen ein Denkmal.

Eisdrachen schlemmen Köstlichkeiten, bis ihnen der Bauch wehtut.

Flugdrachen führen dem Baby zu Ehren einen Himmelstanz auf.

Wasserdrachen veranstalten ein mehrtägiges Seifenblasenkonzert.

Minidrachen bauen ein wunderschönes Schloss aus Zuckerwürfeln.

Weltraumdrachen holen ihrem kleinen Drachen einen Stern vom Himmel.

Wüstendrachen halten eine lange, gefühlvolle Rede.

NAMENS-VERLEIHUNG

Der große Drachenrat denkt sich mehrere Namen aus, schreibt sie auf und wirft sie in eine Losmaschine. Die Vorsitzende des Drachenrats zieht einen Namen, den das Drachenkind dann bekommt.

WAS BRINGEN DRACHENELTERN IHREN KINDERN BEI?

addieren und subtrahieren

zu unterscheiden, welche Dinge essbar sind und welche nicht

Grundlagen des Fliegens

dass Drachen überhaupt nicht böse sind

Schachspielen

Schuppenpflege

dass nicht alle Höhlen Drachen gehören

dass nicht alles Gold ist, was glänzt

RITTER-
BEKÄMPFUNGS-
TRAINING
1
2
TARN-TRAINING
TRAUMKUNDE
UNTERRICHT
IM GRÜBELN UND
KOPFZERBRECHEN
HMM
HMM
HMM
HM
FELSENKUNDE
mit Schwerpunkt
Knallbrocken finden.
Thema:
Knallbrocken
sie?

DIE DRACHENSCHULE

Mit 101 Jahren kommen die Drachen in die Drachenschule. Dort lernen sie alles, was ein guter Drache können muss.

DIE UNGEWÖHNLICHSTEN VERTRETER DER DRACHENWELT

DER KLEINSTE UND DER GRÖSSTE DRACHE

Der größte je gemessene Drache war Balthasar Blechbaum, ein Wüstendrache. Er wurde 32 Meter lang. Inoffiziell allerdings gilt Kristof Karl Knacker als der größte Drache aller Zeiten. Weil Vulkandrachen sehr zurückgezogen leben, lässt sich diese Aussage aber nicht bestätigen.

Der kleinste bekannte Drache ist WANDA WUNDERBAR.

DER ÄLTESTE DRACHE

D'RGHK'R I DER GROSSE ist ein Urdrache, der sich sogar noch an die Zeiten vor dem BFDM erinnert. Man vermutet, dass er 63128 Jahre alt ist.

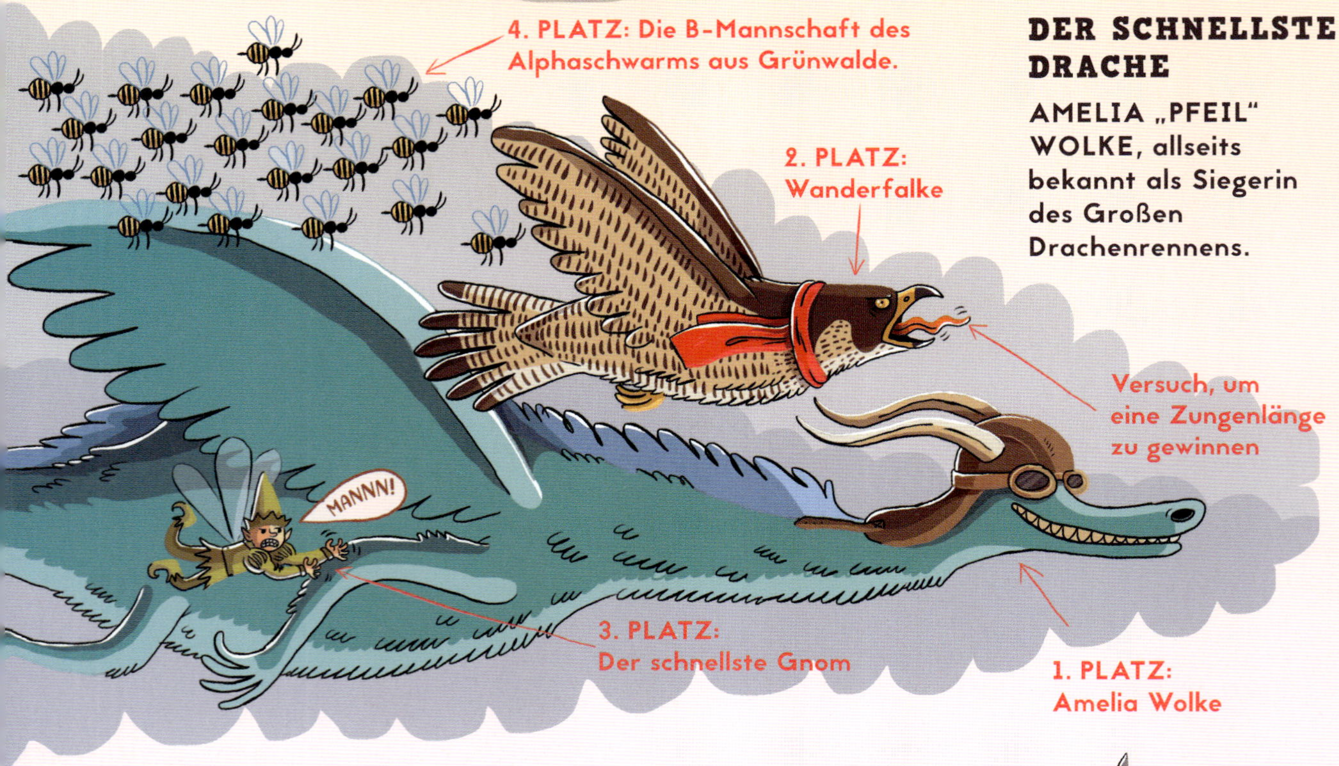

DER SCHNELLSTE DRACHE

AMELIA „PFEIL" WOLKE, allseits bekannt als Siegerin des Großen Drachenrennens.

DER LANGSAMSTE DRACHE

MAR ... – ein Höhlendrache. Er wurde vor 600 Jahren nach seinem Namen gefragt. Bisher hat er es nur geschafft, die ersten drei Buchstaben auszusprechen.

WANDELDRACHEN können ihre Gestalt beliebig verändern. Hier zu sehen die vier Lieblings-Erscheinungsbilder des Drachen Unauffällicus Blitz, einem der bekanntesten Wandeldrachen der Geschichte:

SPRINGDRACHEN

Sie entstehen, wenn Feen einen Sud aus Mäuseblümchen über einen jungen Kohlkopf gießen. Nach zwölf Tagen schlüpft ein Springdrache!

SO ENTSTEHT EIN SPRINGDRACHE

DINGE, DIE DU NOCH NICHT ÜBER DRACHEN WUSSTEST

1. Sie machen Musik auf einem Kamm.
2. Sie können auf zwei Beinen stehen und wie Menschen reden.
3. Sie sind besserwisserisch
4. Sie spielen gut Schach.
5. Sie können ihren Ellbogen ablecken.
6. Sie spielen ziemlich schlecht Rommé und verlieren ständig (vor allem gegen Katzen, weil die ständig schummeln).
7. Sie sprechen 18 Sprachen fließend.
8. Wenn sie nicht gerade Rommé spielen, sind Drachen und Katzen Freunde. In der Zeit, als es zum Bruch mit den Menschen kam, waren die Katzen immer auf der Seite der Drachen.
9. Sie können schwierige mathematische Aufgaben lösen (sogar solche mit Logarithmen).

Berühmte
DRACHNELLA UND PLUTON
das legendäre Liebespaar
Das rechte Horn von DRAKAR XII
KRISTOF KARL KNACKER
Begründer der ersten Höhlendrachenkolonie und erster Vulkandrache der Geschichte
DESIDERIUS GUSTAV NIESNAS
Erfinder von 921 Knallbrocken-Gerichten
EMILIA LAURA FLÜGLER
die gegenwärtige Großmeisterin des Drachenrats
KLOTILDE KRALLENBEIN
erforschte den Drachenschluckauf
BERTRAND SEEREIS
umschwamm die Welt
PLUTARCH MECKER FREIFLUG
der oberste Weise im Drachenrat
KLASSENBUCH
LEHRER
WHOOOA
ZUCKERSCHLOSS VON MALWINA FLÜGELFEIN
das größte Meisterwerk zeitgenössischer Drachenarchitektur

Drachen

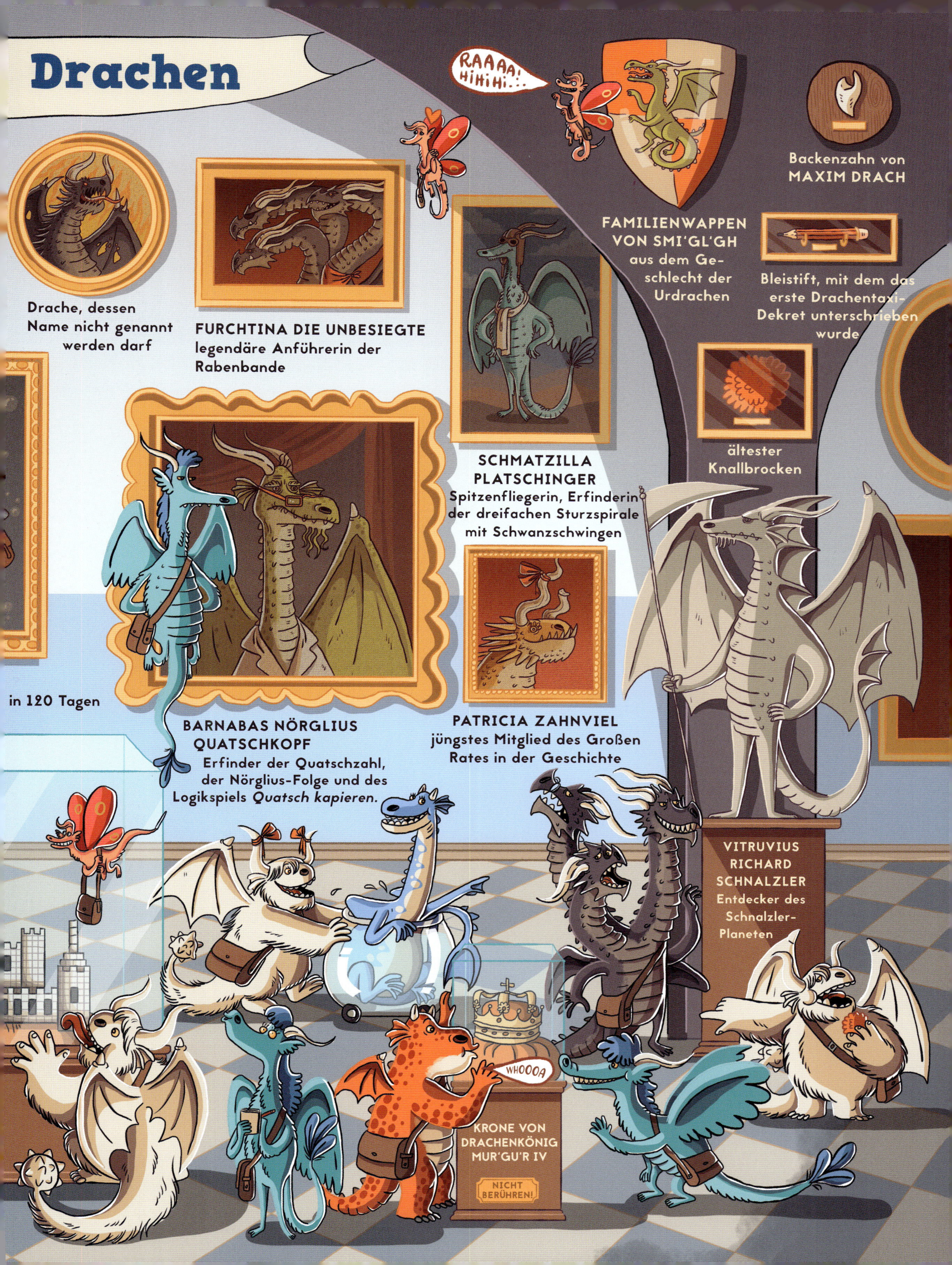

RAAAA! HIHIHI...!
Drache, dessen Name nicht genannt werden darf
FURCHTINA DIE UNBESIEGTE
legendäre Anführerin der Rabenbande
FAMILIENWAPPEN VON SMI'GL'GH
aus dem Geschlecht der Urdrachen
Backenzahn von MAXIM DRACH
Bleistift, mit dem das erste Drachentaxi-Dekret unterschrieben wurde
ältester Knallbrocken
SCHMATZILLA PLATSCHINGER
Spitzenfliegerin, Erfinderin der dreifachen Sturzspirale mit Schwanzschwingen
in 120 Tagen
BARNABAS NÖRGLIUS QUATSCHKOPF
Erfinder der Quatschzahl, der Nörglius-Folge und des Logikspiels *Quatsch kapieren.*
PATRICIA ZAHNVIEL
jüngstes Mitglied des Großen Rates in der Geschichte
VITRUVIUS RICHARD SCHNALZLER
Entdecker des Schnalzler-Planeten
WHOOOA
KRONE VON DRACHENKÖNIG MUR'GU'R IV
NICHT BERÜHREN!

DRACHENLEIDEN UND -KRANKHEITEN

Drachen leiden unter verschiedensten Unpässlichkeiten. Zum Glück gibt es gegen fast alle ein Heilmittel.

Gemälde „Die große Drachenschluckauf-Epidemie" von Balthasar Drachicelli.

DRACHENSCHLUCKAUF

Entgegen weit verbreiteten Gerüchten speien Drachen nicht absichtlich Feuer! Wenn Drachen einen Schluckauf bekommen, entzünden sich die Gase in ihrem Magen.

SO ENTSTEHT DRACHENSCHLUCKAUF

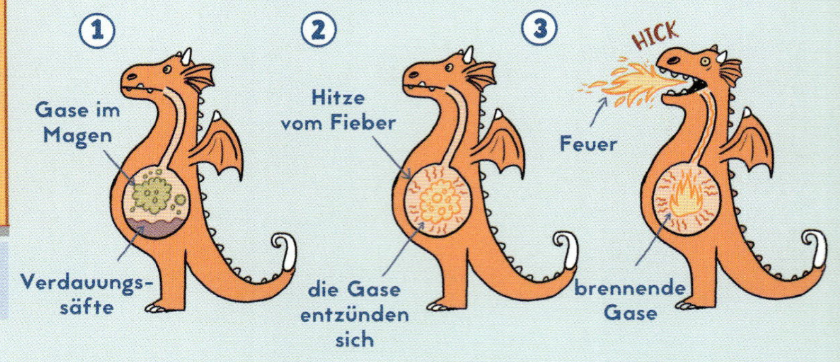

DRACHENFIEBER

Es äußert sich durch starken Durst. Wenn der Drache Fieber hat, kann er ein ganzes Meer austrinken.

SCHOKOLADENWAHN

Selbst die sanftesten Drachen werden wild und streitlustig, wenn sie Schokolade gegessen haben.

SCHLAFKRANKHEIT

Wenn ein Drache die Schlafkrankheit hat, schläft er so tief, dass er zu Stein wird. Erst ein paar Hundert Jahre später wacht er wieder auf. Schwarzer, ungesüßter Tee vermindert das Risiko, die Schlafkrankheit zu bekommen.

ETAPPEN DER VERSTEINERUNG

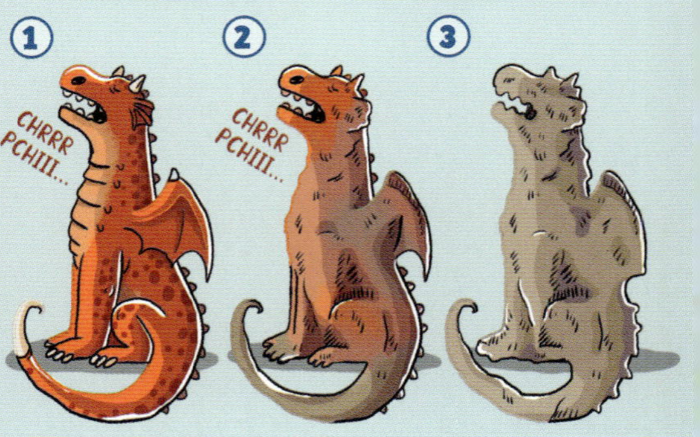

VERBLAUUNG DER BACKENZÄHNE

Das passiert Drachen, die mit Pfefferminz in Berührung kommen. Der kranke Drache muss mit Brennnesselsud gurgeln.

ZÄHLZWANG

Früher machte diese Krankheit Drachen zur leichten Beute für Ritter. Schüttet man vor dem erkrankten Drachen eine Schüssel Mohnsamen aus, kann der Drache nicht anders – er muss die Körnchen alle zählen.

FEHLHALTUNGEN BEI DRACHEN

SPORT UND FITNESS

Drachen ist ihre körperliche Verfassung sehr wichtig, deshalb machen die meisten von ihnen Sport und Ausdauertraining. Dafür gibt es speziell ausgestattete Hallen.

LEGENDE
1 – Leichtgewicht 2 – Mittelgewicht
3 – Schwergewicht 4 – Superschwergewicht

DRACHEN-GEWICHTSKLASSEN

ERNÄHRUNG UND KULINARISCHE VORLIEBEN

KNALLBROCKEN

Ein Leckerbissen, der den Schuppen Glanz und einen rötlichen Schimmer verleiht. Nur Flugdrachen essen keine Knallbrocken, weil ihre Federn davon rosa werden.

DRACHEN IM ALTER

Auf einer einsamen Insel mitten im Meer befindet sich das Drachenaltenheim. Dort ziehen alte und kranke Drachen hin, aber auch solche, die einfach nur Gesellschaft suchen.

WAS DRACHEN IM ALTENHEIM MACHEN:

1. Handarbeit.
2. Ihren Freunden Gebäck anbieten.
3. Partys feiern.
4. Musik machen.
5. Mit Katzen Bingo spielen.
6. Zeit mit Freunden verbringen.
7. Haferbrei essen.
8. Schmetterlinge fangen.
9. Sich der Gartenarbeit widmen.
10. Mit den Enkeln spazieren gehen
11. Ihre Schuppen in merkwürdigen Farben färben.
12. Bei Saft und Törtchen plaudern.
13. Schwimmen gehen.
14. Vögel füttern.
15. Lebhaft diskutieren.
16. Angeln